3•

SKY HIGH

•4

2•

•1
•5

Connect the dots from 1 to 5 to finish the picture.

SO TALL!

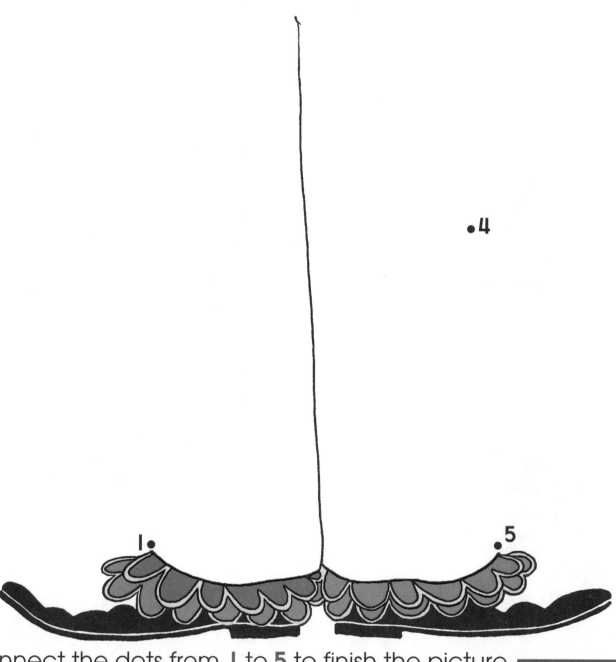

Connect the dots from **1** to **5** to finish the picture. ▬

Connect the dots from **1** to **5** to finish the picture.

WHERE IS CARLA?

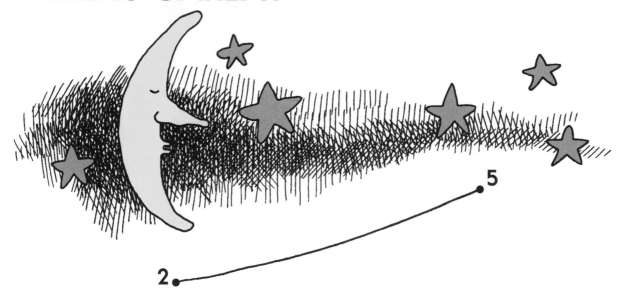

5

2

1

4

3

Connect the dots from **1** to **5** to finish the picture.

Connect the dots from **1** to **5** to finish the picture.

RUN, MOUSE, RUN!

Connect the dots from **1** to **8** to finish the picture.

A SCARY CASTLE!

Connect the dots from **1** to **8** to finish the picture.

WHAT'S NEW?

Connect the dots from **1** to **8** to finish the picture.

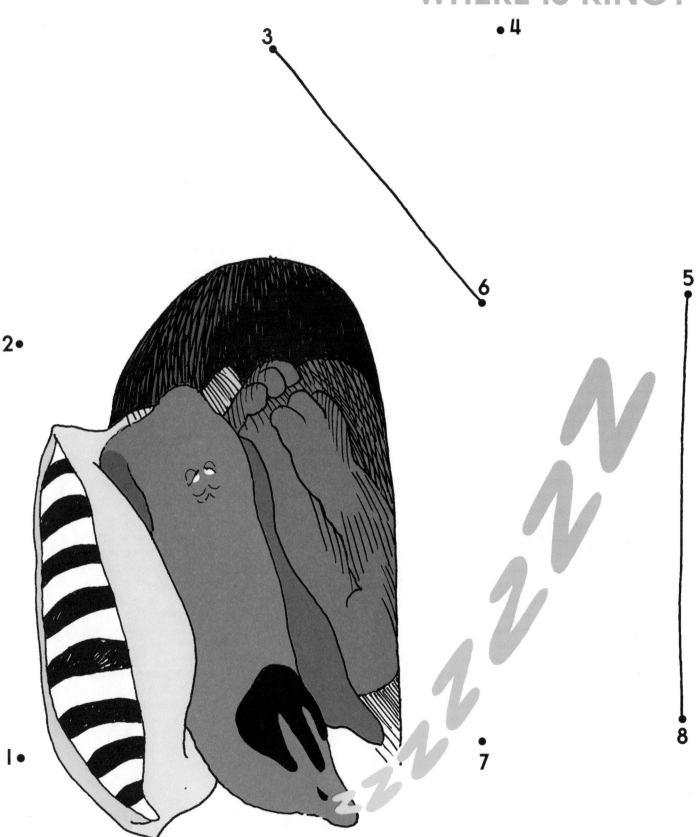

Connect the dots from 1 to 8 to finish the picture.

LOOK OUT BELOW!

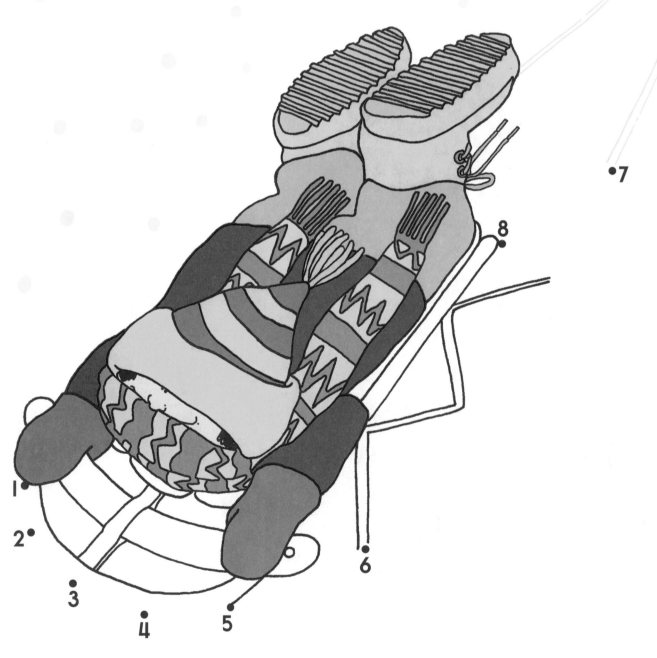

Connect the dots from **1** to **8** to finish the picture.

School Zone® Publishing Company

IT'S MAGIC!

Connect the dots from **1** to **8** to finish the picture.

3 •   • 4   6 •   • 7

5 •

2 •

8 •

1 •

Connect the dots from 1 to 8 to finish the picture.

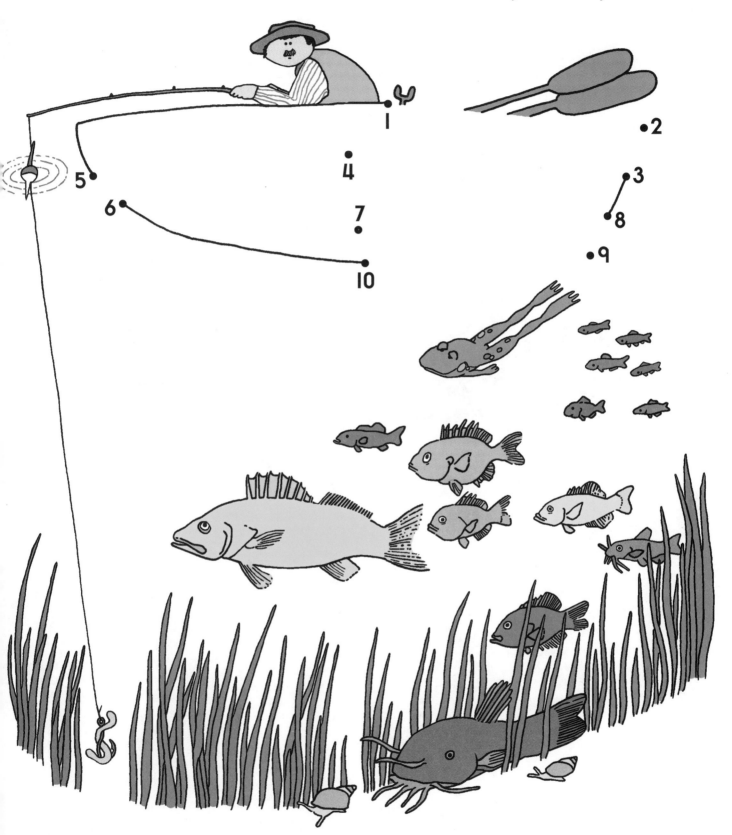

Connect the dots from **1** to **10** to finish the picture.

SLEEPY TIME

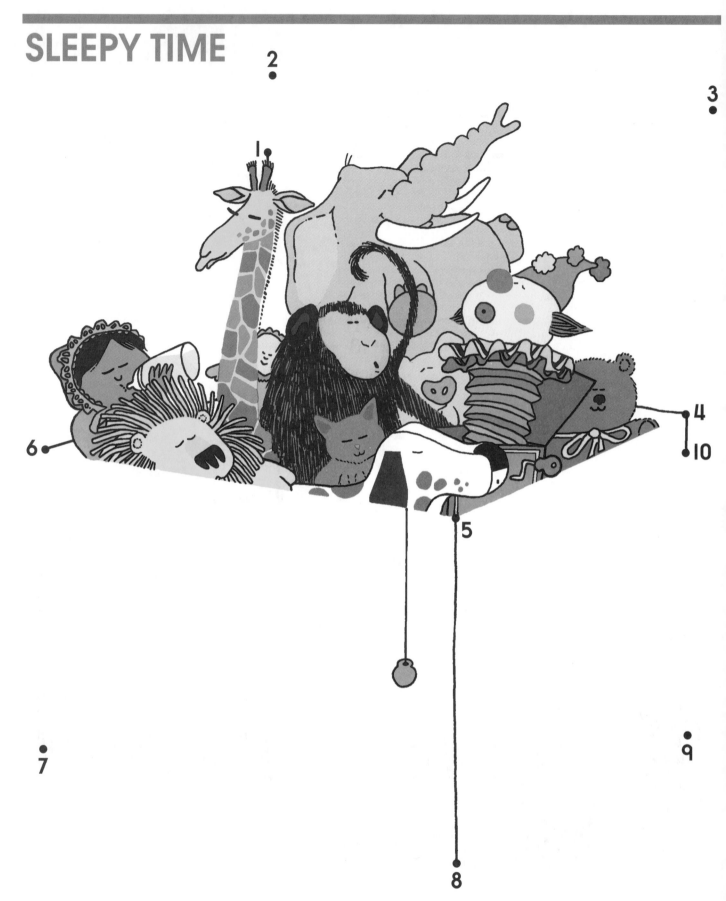

Connect the dots from **I** to **I0** to finish the picture.

LOOK OUT BELOW!

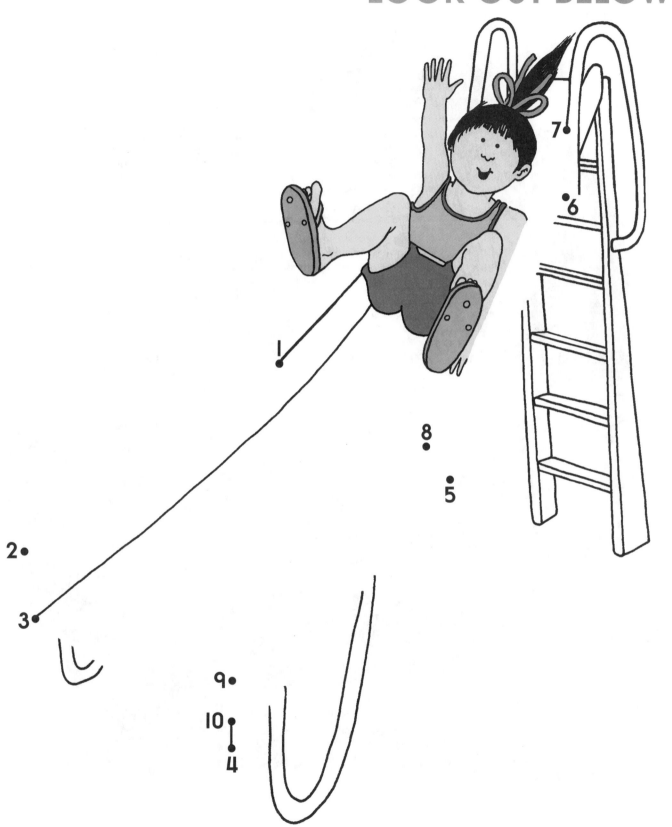

Connect the dots from **1** to **10** to finish the picture.

WHAT DID BABY BEAR FIND?

Connect the dots from I to I0 to finish the picture.

WHERE IS MONKEY?

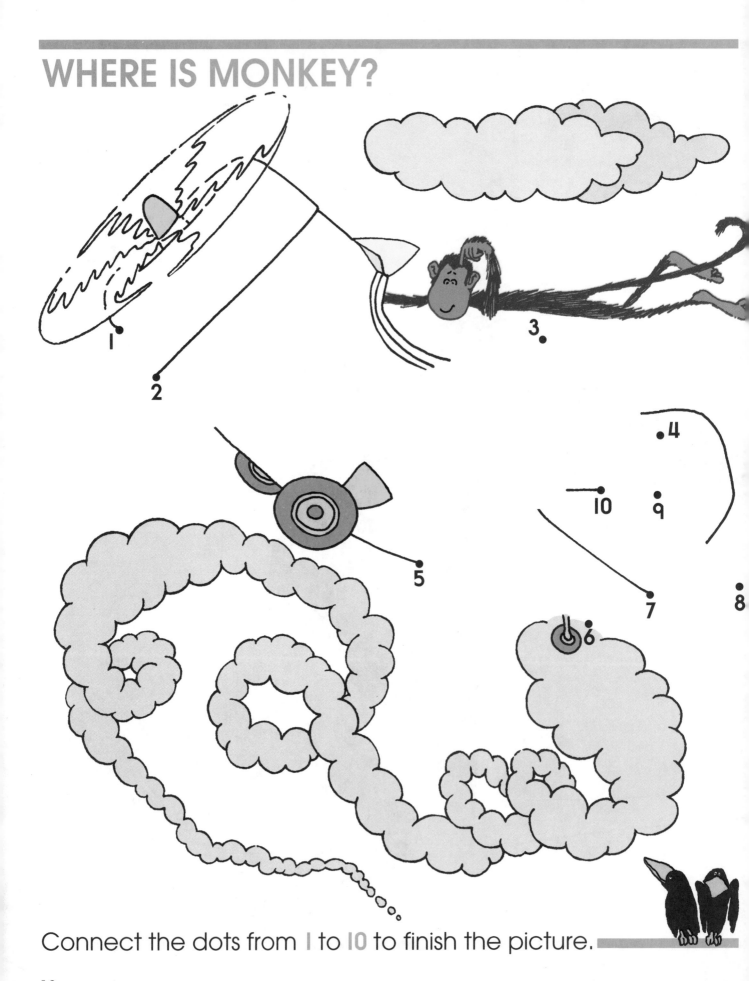

Connect the dots from 1 to 10 to finish the picture.

School Zone® Publishing Company

Connect the dots from **1** to **10** to finish the picture.

WHERE IS TERRY?

Connect the dots from **I** to **10** to finish the picture.

WALK SOFTLY!

Connect the dots from **1** to **10** to finish the picture.

WHAT IS STEVE DOING?

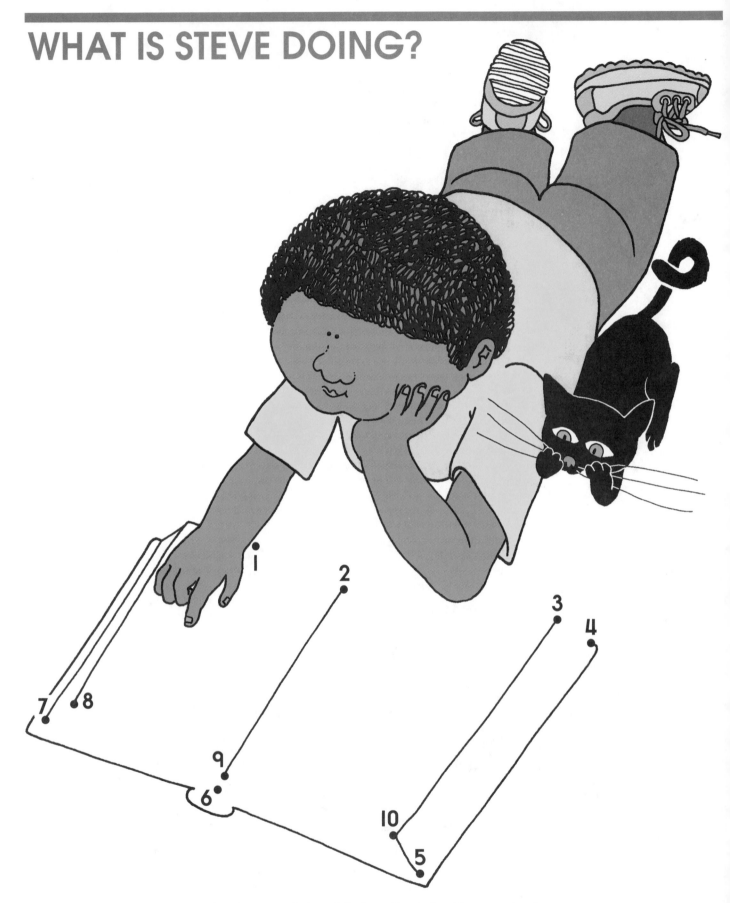

Connect the dots from **1** to **10** to finish the picture.

ZOOM!

Connect the dots from **1** to **10** to finish the picture.

CHUG, CHUG

Connect the dots from **1** to **10** to finish the picture.

Connect the dots from 1 to 10 to finish the picture.

WHAT'S THAT?

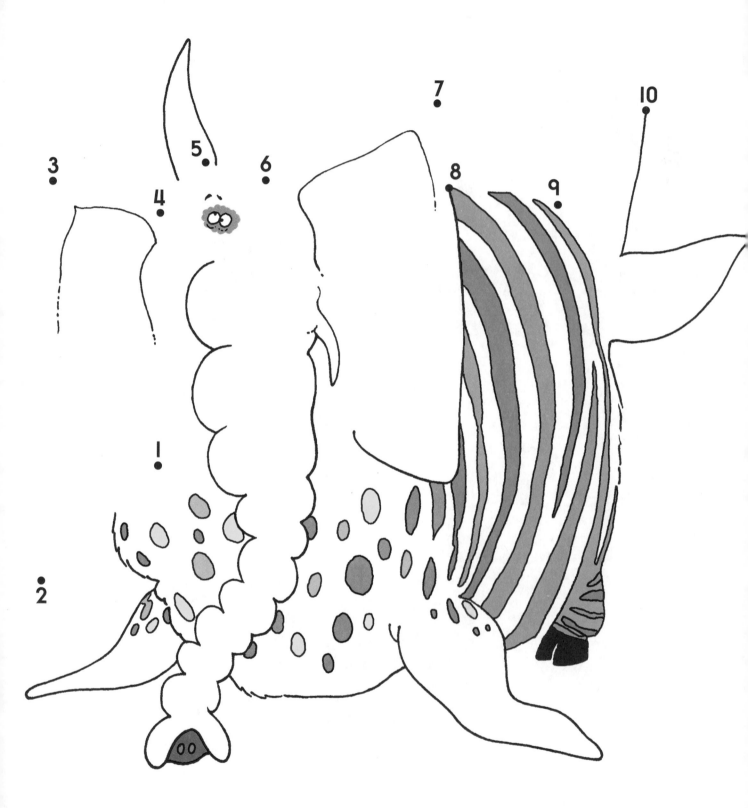

Connect the dots from **1** to **10** to finish the picture.

26

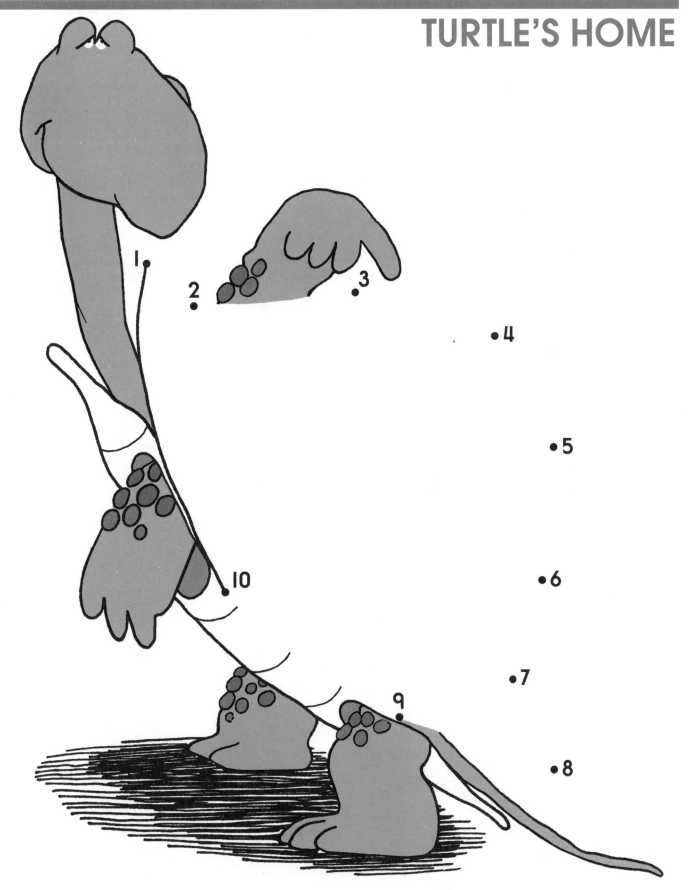

Connect the dots from **1** to **10** to finish the picture.

LET ME DOWN!

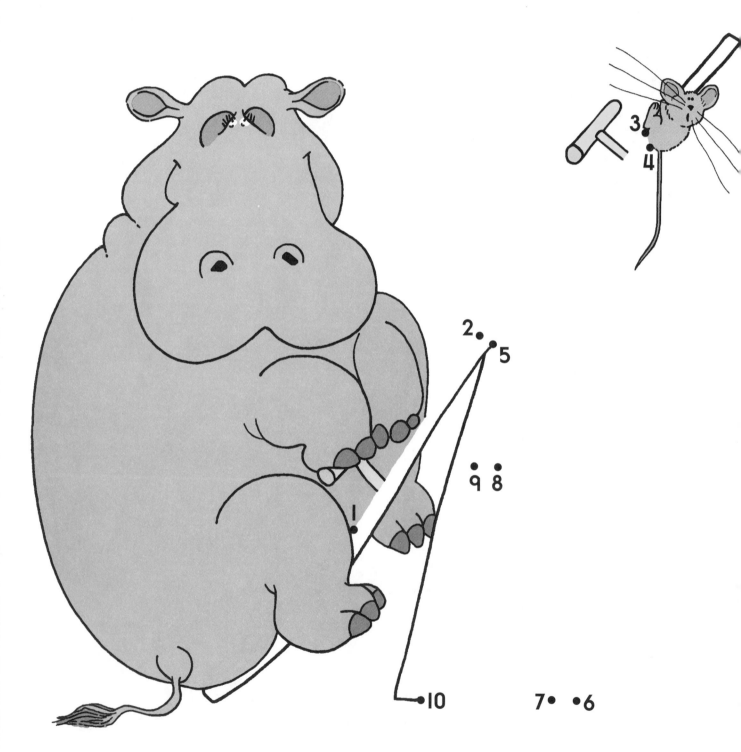

Connect the dots from **1** to **10** to finish the picture.

Connect the dots from **1** to **10** to finish the picture.

HELP!

Connect the dots from **1** to **10** to finish the picture.

Connect the dots from I to I0 to finish the picture.

OOPS!

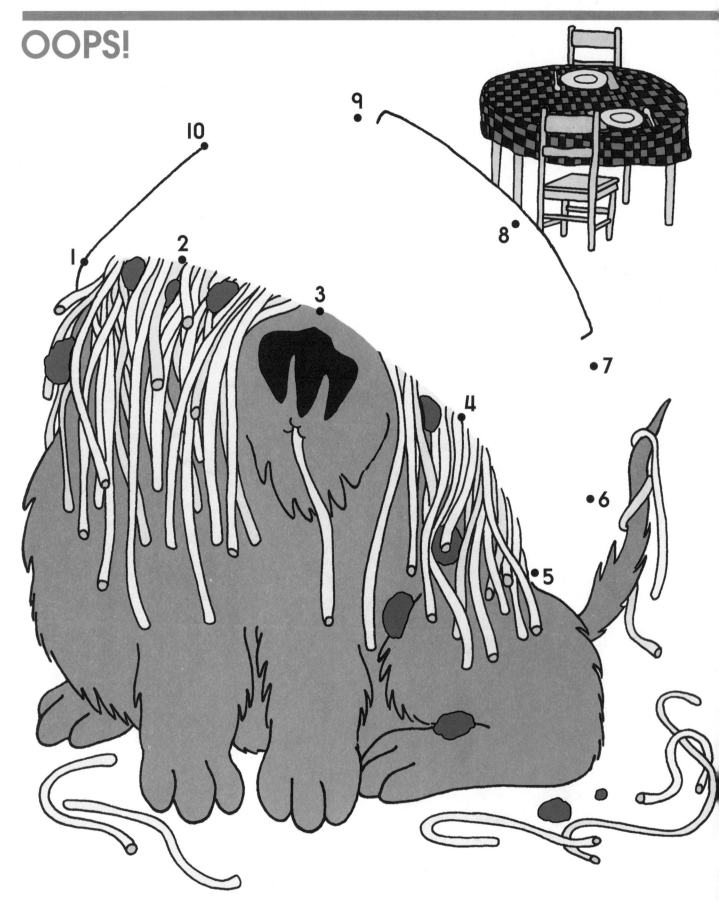

Connect the dots from **1** to **10** to finish the picture.

School Zone® Publishing Company   **02058**